Gwawrio
Tegwen Bruce-Deans

Gwawrio
Tegwen Bruce-Deans

Cyhoeddiadau
barddas

CYFRES TONFEDD HEDDIW

© 2023 Tegwen Bruce-Deans / Cyhoeddiadau Barddas ©

Argraffiad cyntaf: 2023

ISBN 978-1-91158-477-3

Cyhoeddwyd 'Gadael' am y tro cyntaf yn *Ffosfforws 2* gan Gyhoeddiadau'r Stamp (2022) a 'Pa beth yw?' yn *Cariad* gan Gyhoeddiadau Barddas (2023). Cyhoeddwyd 'Wcráin' am y tro cyntaf ar gyfrif Instagram @cymraegbangor a gwefan Lysh Cymru a 'Tŷ Newydd' ar gyfrif Instagram @cymraegbangor.

Enillodd Tegwen Bruce-Deans gadair Eisteddfod yr Urdd Llanymddyfri, 2023 gyda'r dilyniant o gerddi 'Rhwng Dau Le'.

Cedwir pob hawl. Ni chaniateir atgynhyrchu unrhyw ran o'r cyhoeddiad hwn na'i gadw mewn cyfundrefn adferadwy na'i drosglwyddo mewn unrhyw ddull na thrwy unrhyw gyfrwng electronig, tâp magnetig, mecanyddol, ffotocopïo, recordio, nac fel arall, heb ganiatâd ymlaen llaw gan y cyhoeddwr.

Cyhoeddwyd gyda chymorth ariannol Cyngor Llyfrau Cymru. Cyhoeddwyd gan Gyhoeddiadau Barddas.

Gwaith celf y clawr: Tegwen Bruce-Deans
Darluniau'r gyfrol: Freya Richards
Argraffwyd gan Y Lolfa, Tal-y-bont.

I'm rhieni

am roddi'r heniaith yn anrheg i mi
yn blentyn bach,
mân eiriau 'di lapio'n barsel cariad
y bydda' i, yng ngwawr fy nydd,
yn eu harfogi,
ac yn ceisio rhoi rhyw fath o drefn
ar y sŵn o 'nghwmpas.

Am hynny, bydda' i yn fythol ddiolchgar.

Cynnwys

Rhagair	8
I'r gwragedd dienw	11
Lliwio	12
Rhwng dau le	15
Neidio	15
Symud	16
Gwag	17
Llenwi	18
Dychwelyd	19
Chwyldro	20
Drych	21
Cysgod	23
Rhyngom	24
Wcráin	26
Trên grefi	27
Casglu cregyn	29
Pobi torth	31
Dant y llew	32
Sadyrnau ym Mangor Ucha'	34

Ceci n'est pas une pipe	36
Gwydr lliw	38
i	38
ii	39
iii	40
Garn	41
Dail crin	43
Mam	45
Ymbarél	46
Tŷ Newydd	47
Helô, hen ffrind	48
Haul Ionawr	50
Pa beth yw?	51
Geiriau coll	52
Chwyn	53
Unwaith eto	54
Y garthen	55
Deffro	56
Gadael	57

Gwawrio Tegwen Bruce-Deans

Rhagair

Mae iaith wastad wedi bod yn beth cymhleth i mi. Fel un sydd wedi'i magu mewn teulu di-Gymraeg, bu'r heniaith yn iaith y dosbarth i mi erioed. Dechreuodd fy nhad ddysgu'r Gymraeg, ac yn sydyn trwy ein chwarae a'n chwerthin fe drodd y Gymraeg yn iaith y tŷ bach twt rhyngom. Law yn llaw, ymbalfalom rhwng y geiriau newydd gan blannu hadau chwilfrydedd a chyfeillgarwch.

Ond er gwaethaf ein brwdfrydedd yn noddfa'r maes chwarae, roeddwn i wastad yn teimlo rhyw eiddigedd o weld pobl yn byw eu bywydau trwy gyfrwng y Gymraeg. Roeddwn i eisiau hangofyrs yn y Gymraeg. Roeddwn i eisiau crio nes bron â chwydu yn y Gymraeg. Roeddwn i eisiau blasu bywyd yn y Gymraeg, cydio ynddo gyda'm dwy law a'i sawru hyd at y briwsionyn olaf un.

Ac mi wnes i hynny; fues i'n ddigon ffodus o gael profi tair blynedd orau fy mywyd hyd yma yn y brifysgol ym Mangor, lle wnes i ffrindiau oes a gyflwynodd i mi gyfoeth o dafodieithoedd y gogledd. Dysgais sut i 'glywed oglau', bod 'dŵr poeth' ddim jyst yn rhywbeth sy'n rhedeg o'r tap, a bod 'llefrith' yn llithro oddi ar y tafod yn haws nag yr hoffwn ei gyfaddef, weithiau.

Er gwaethaf yr holl ddylanwadau hyn, dwi'n ffeindio weithiau bod yna belydryn o acen 'adre' yn disgleirio trwy'r llen ogleddol dwi wedi ei thynnu ar draws fy ngorffennol – yn enwedig os mai'r canolbarth, fy nheulu neu atgofion o fy mhlentyndod sydd dan sylw. Dim ond wrth roi'r gyfrol hon at ei gilydd rydw i'n teimlo fy mod i wedi dechrau gwerthfawrogi'r nodweddion bach ieithyddol hyn sy'n fy ngwneud i'n unigryw. Mae sylwi'n ymwybodol ar sut mae fy nghlytwaith ieithyddol yn ymblethu, a sut i fanteisio'n llenyddol greadigol ar hynny, wedi iacháu fy mherthynas gyda rhan ohonof sydd mor greiddiol i'r person, a'r bardd, yr ydw i heddiw.

Dyma obeithio y cewch chi flas ar fy nghoctel ieithyddol innau rhwng cloriau *Gwawrio*, ac y gallaf ddangos i eraill sy'n teimlo nad yw eu Cymraeg nhw'n glynu at y rheolau bod gwthio ffiniau yn beth i'w groesawu a'i ddathlu yn ein sin farddoniaeth ni yng Nghymru.

Tegwen Bruce-Deans

I'r gwragedd dienw
am fod yna Werful ym mhob un ohonom

Boed i chi flaguro'n ddant y llew
a thaenu'ch lliw yn dew
ar fara eich gwaith.

Boed i chi gynganeddu plygion eich croen
a phlymio i fol geiriau
wrth frolio'r profiad mud.

Boed i chi leisio'ch serch a'ch nwyd,
rhoi corff i'ch ysfa a gadael iddi
lenwi ei hysgyfaint yn ddwfn.

Boed i chi fod yn llosg o chwisgi
yng nghrombil y gaeaf
a'ch min yn crafu briw hen hafau.

Boed i chi droedio tir blerwch
a chanfod cysur mewn darnau mân
wrth i chi feiddio chwalu'r drefn.

Gwawrio Tegwen Bruce-Deans

Lliwio

Rhwng pedair wal y dosbarth,
mae yna ferch (nid hogan)
yn lapio'i thafod yn goflaid
o amgylch llafariaid,
ac yn chwythu cytseiniaid
yn donnau o'i cheg
wrth feistroli iaith y bwrdd gwyn
fesul sillaf.

Wrth ddymchwel muriau dysgu,
dyma iaith y bwrdd gwyn
yn troi'n amryliw:
cochni rheg Cofi,
gwyrddni llith Llŷn,
melynwy bathiadau'r Ayes,
posibiliadau'n blaguro
yn y disgleirdeb o'i blaen.

Ac wrth i'r ferch
(neu ai hogan ydi hi?)
ddrysu'n y clytwaith o liwiau,
tynna ar edau porffor adre,
datod blerwch ei brethyn
i'w droi'n belen daclus,
a phlethu lliwiau llachar,
caredicach yn eu lle.

Gwawrio Tegwen Bruce-Deans

Ond mae yna wastad edau
yn llithro o'u pelen
i lifo'n batrwm eu hunain
yn y gornel,
a dim ond trwy gofleidio
dryswch cywrain
ei thafod amryliw
y mae ei gwên yn dychwelyd.

Achos beth yw gwawrio
heb yr holl liwiau,
wedi'r cyfan?

Rhwng dau le
Nid cryndod dŵr yr afon yn unig y mae bardd yn ei weld,
ond ôl y garreg a ysgogodd y crychdonni hefyd.

Neidio

Dwy law
yn cydio yn nibyn
trothwy oes y be bynnag fydd.

Plethu bysedd
yn wreiddiau dan dir,
gan fynnu'r hawl i sgwâr o goncrit
i'w daro â morthwyl
a chrogi arwydd o gartref
oddi arno.

Llygaid yn cwrdd,
amrantiad o hiraeth
dros ogla' hen hafau
o ddawnsio dan gawod haul
a chasglu sêr y bore bach
yn atgofion i'w rhannu dan gynfas.

Gwawrio Tegwen Bruce-Deans

Saib
a dwrn y gwynt yn glais ar foch
wrth sbio i berfedd yr afon.

Yna neidio.

* * *

Symud

Mae'r oriau'n oedi rhyw fymryn,
yn llusgo'u traed rhag rhigol y dydd,
a minnau yn eu canol
yn pacio 'myd rhwng bys a bawd
a synnu mor wag yw bocsys llawn

am fod y gerdd yn dal ar ei hanner,
am wn i. Sut mae bardd
yn proffesu'r hen deimladau
os yw'n gwegian rhwng dau le
fel hanner atgof?

Gair llithrig 'di adra erbyn hyn –
ai am 'mod i 'di angori
mewn gormod o lefydd
ar unwaith,
neu yn nunlle o gwbl?

* * *

Gwag

Felly dyma fi: bardd yn dychwelyd
at ddalen wen wag,
er bod yr ysfa i lenwi
ein cragen o oedolaeth
â mwy na charreg ateb
rhwng dau
bellach y tu hwnt i afael iaith,
yn rhedeg gyda llif afon
yn ddiarwybod o'i chwrs,

ac mae 'na ogla' cadw
ar y cynganeddion hyn,
cwlwm o lawysgrifen,
y berfau'n grychau i gyd
a'r darluniau'n hongian yn gam ar wal,
yn rhy swil rhag llenwi
y gwacter yn llawn.

* * *

Llenwi

Hei. Ti'n iawn?

Ti'n meindio os ydan ni
heno, am un noson,
yn dodi ein problemau ni i gyd ar silff,
cymryd brwsh at friwsion
ein swsus hanner meddwl
a hogi cyllell bŵl
ein sgyrsiau mân,

a heno, am un noson,
yn lle tynnu mwy o esgyrn bywyd
allan o focsys gwythiennau tap selo,
yn lle colli cwsg dros reoli
llanw ein llencyndod mewn afon o fyd,

gawn ni chwarae mig rhwng
y cardfwrdd a'r llwch
a chynnau tân ar hen aelwyd
ein hieuenctid?

Gawn ni hel lludw oes ynghyd,
cydio ynddo,
a'i chwythu ymaith
i ddawnsio ar gyffro'r awel?

* * *

Dychwelyd

Mae'r waliau dan haen o baent gwyn
bellach.

Ffarwél 'ti'r hen fagnolia –
lliw cuddio clais mwg
a thiwmor lleithder,
lliw gwair gwyw
dan hoel adlen Steddfod,
lliw panad cyn tri
a defod hwyrol dau arall.

Mae'r pentyrrau'n dal yno,
olion byw a bod rhwng eiliad ac oes

ac oes, mae 'na rywbeth am y llanast
bellach:

ôl boliau llawn a chynfasau clyd,
ôl dwy law yn cyd-fyw a chyd-greu,
ôl afon yn dod o hyd i'w chwrs
ac yn llifo'n rhydd tua'r môr agored.

Gwawrio Tegwen Bruce-Deans

Chwyldro

Mae'r llyfrau hanes yn dweud bod chwyldro
yn ddarlun o weiddi,
gwaedu rhosynnau
a sathru'r blodau menyn
dros ddyn, dros hawl, dros wlad.

Ond be os mai'r chwyldro mwya' oll
yw gallu llyncu haul mewn Adda o fyd,
sbio yng ngwyrdroad y drych,
britho pob rhan o dy gorff â chusanau,
a phroffesu gydag argyhoeddiad llofrudd
dy fod di'n hapus dy fyd ynot ti dy hun?

Drych

Dieithrwch.

Mae'n rhyfedd, yndi,
sut mae chwarae gyda geiriau
ac esgus colli nabod
yn gwireddu,
erydu'r hunan
nes croesi'r dibyn
rhyngot ti a fi,

ac yn sydyn dwi'n gorfod cyfaddef
dydw i'm yn dy nabod ddim mwy.

Gormod o goch,
gormod o grych,
gormod o groen,
gormod o *fod* –

Gwawrio Tegwen Bruce-Deans

ond yn oriau'r cynfasau cotwm
mae'r golau'n meddalu, toddi,
a'r gwreiddiau byw ar fy nghlun
fel les gwyn o rew,
addurn Dolig natur
yn atgof fod cynhesrwydd
y tu mewn.

Fesul cam,
fel dysgu cerdded,
mae trem o wên yn estyn llaw
fel haul yn sleifio trwy fleind,

a dwi'n meddwl 'mod i'n dechrau
dy garu unwaith eto.

Cysgod

Dro ar ôl tro dwi'n troedio'r tir,
yn llysferch i'r brethyn caeth,
gan graffu ar y man
rhwng cwmwl a chopa,
fel 'tawn i'n barod 'di cyrraedd
y tu hwnt i'm gafael
ond yn mynnu glynu
ychydig yn hirach
at fy llwybr.

Cipolwg wedyn,
dim ond am eiliad, ar dafluniad
yn diogi yn ei ddüwch
wrth fy nhraed,
sibrydiad o fodolaeth
yn hela fel llwynog
pan fo'r haul
yn nhraed ei sanau,
a sylweddoli: hyd yn oed
wrth geisio cyrraedd y man
rhwng cwmwl a chopa
yn aml ar fy mhen fy hun,
na fydda' i fyth yn unig.

Rhyngom

Iechyd da i ddyddiau'r
chwerthin gwin pefriog,
a hel clecs fel clacs sodlau uchel
yn atsain ar hen lawr.

Codwn beint i'r rhai fu'n
erlid adar papur sy'n ehedeg
(maen nhw'n honni)
ar wyntoedd hirfaith eu dweud.

A llyncwn losg chwisgi
addewidion anaddawol
i adlais ein harweinwyr
mewn ymgais i anghofio.

Rhyngom,
meithrinwn dân yn ein llygaid,
a chroesawn eraill i gynhesu dwylo
dan goflaid danbaid y fflamau.

Gwawrio **Tegwen Bruce-Deans**

Wcráin

Rhywle, heddiw,
mae 'na famwlad
yn cydio mewn baban,
ei lapio'n dynn mewn mwslin
i lenwi gwagle coflaid,
a hithau'n ei ddal
yn agos i'w bron,
eu breichiau'n wag
heblaw am ei gilydd,
    cwsg, cwsg,
      fy solntse *annwyl,*
      cwsg nes dyfod
      y nos i'n hiacháu
a'i wyneb yn lliwgar
fel eirin 'di cwympo,
y cleisiau'n amgáu
nes clytweithio'n
dywyllwch diseren,
a'r famwlad
nad yw'n famwlad
bellach yn amddifad.

*'solntse' neu солнце [sɔnsə] yw'r gair Wcraneg am 'heulwen', gair anwes a ddefnyddir yn aml ar gyfer plant

Trên grefi
Costiera Amalfitana, 2018

Ond ar y trên y bore hwnnw,
â sidan haul Sadwrn
yn siôl am fy 'sgwyddau,
roedd cri;
cwyn cyw bach yn erfyn o'i nyth
am dalp o fara gan ei fam.
Dw' innau'n yfed gwin yr awyr
tra'i bod hithau,
yn ei hanobaith,
fel glöyn byw caeth
yn ehedeg yma ac acw –
ac ymbil ei llygaid yn oer
fel ceiniog arian.

Dwi'n tynnu'r siôl yn dynn amdanaf
a'm bag yn agosach i 'mrest,
gan droi at y ffenest i wylio,
yn nhes canol Mai,
aur y bore'n arllwys
glesni i'r cysgodion.

Gwawrio Tegwen Bruce-Deans

Ond roedd oerni'r cysgod
yn mynnu glynu
fel stamp cerdyn post i'r awel.

A minnau'n rhyfeddu
eiliadau ar eu hôl:
paham 'mod i ofn
cri cyw a'i fam
i fyw?

Casglu cregyn

Roedd hi'n haf arnom –
er gwaetha' tagu'r gwymon
a rhybuddion y gwynt –
ac fe heidiom tua'r traeth,
blas halen a phupur y môr
yn finlliw ar ein gwefusau
gan godi ein blys
i gasglu perlau'r llanw.

Llenwom ein pocedi
â chregyn wedi'u meddalu
gan si-hei-lwli'r heli,
eu hachub rhag dedfryd
o gael eu llyncu gan y tonnau,
gan ollwng ambell gamgymeriad
o gaead potel dŵr mwynol
yn ôl i nythu ar lawr
rhwng y brics a'r bagiau tsips.

Gwawrio Tegwen Bruce-Deans

'Nôl yng nghoflaid pedair wal
lle mae twrw'r
gwymon a'r gwynt
yn gaeth i gerdyn post,
fe wagiwn ein pocedi,
eu troi tu chwith allan
nes i'r darnau o gregyn
ddisgyn i'r llawr,
yn bŵl fel hen atgof
wedi'i rwygo o'i gynefin.

Pobi torth

Llwyaid o furum.
Dyna'r oll, meddan nhw,
sydd ei angen arna i.

Llwyaid o furum a phinsiad o amser
sy'n codi'r dorth berffaith yn y pen draw.

Mae pob dim gen i wedi'u cadw o hyd:
pacedi o nosweithiau dwyn gwydryn peint
a bocsys o foreau casglu parch o'r palmant,
i gyd yn swatio mewn llwch cefn cwpwrdd,
cynhwysion machlud Gwener a gwawr Sul
yn ddarnau mân llawn addewid.

Dwi'n mesur blawd a menyn fy llencyndod
gan obeithio y bydd toes fy aeddfedu
yn tyfu dan liain hen arferion,

a phan gwyd y gorchudd oddi ar y cynnydd
bydd y ddarpar dorth yn llawn
swigod aer o obaith ac atgof.

Dwi'n ychwanegu hanner llwyaid arall
o furum i'r bowlen. Jyst rhag ofn.

Gwawrio Tegwen Bruce-Deans

Dant y llew

Beunydd af ati i ad-drefnu
tusw crin o flodau'n
breuo dan dreigl y tymor –
esgusodion mân
yn chwarae mig
rhwng petalau gwyw
a dail crimp
sy'n crogi'n addurn
ar y silff ffenest,

Gwawrio Tegwen Bruce-Deans

a minnau weithiau'n
dwyn edrychiad
fel pioden
drwy'r porth hwnnw,
gan ysu i ddianc
a dawnsio'n wyllt
fel dant y llew,
a gadael i'r sgerbwd o dusw
friwsioni'n dywod
rhwng fy mysedd.

Sadyrnau ym Mangor Ucha'

Bu'n noson o gyfri'r oriau
fesul peintiau,
cyfeillgarwch yn bragu
rhwng y Carling a'r *overdraft*
a drafft o draethawd
yn segura ar ei hanner
lawr y lôn,
ein gwydrau'n wag
heblaw am wên y lipstic
ar y rhimyn
a ninnau 'di hen chwerthin
perffeithrwydd ein *selfies*
dan fwrdd.

Gwawrio Tegwen Bruce-Deans

Llusgwn ar garreg y drws
yn gusanau a chleisiau i gyd,
last orders 'di hel eu pac
a'n pitsas,
fel balm yfory,
yn bygwth oeri yn ein gafael.
A pharablwn nes perseinio
ag adar y bore bach,
am fod 'run ohonom yn barod
i agor y drws,
sobri,
a chymryd cam
tuag at barasetamols ein hyfory.

Gwawrio Tegwen Bruce-Deans

Ceci n'est pas une pipe
galargan myfyriwr, 2020

Cawsom addewid o ryddid,
posibiliadau'n wreichion
ac yn tasgu yng ngwaelodion
gwydryn peint.

A chofleidiom ein hamser ni,
curo'i loriau'n ludiog
gan sawru'r ennyd fel
mefusen gynta'r tymor.

Ond 'di ymwthio rhwng
y nosweithiau hwyr a'r boreau cynnar
roedd saib, tywyllwch
rhwng dau amrantiad.

Wrth lygadu ffugolau
gwelsom gwlwm ein cyfnod
yn llacio, dechrau datod
fel meddwyn yn colli gafael.

A diosgodd yr addewid ei glogyn,
gan ddatgelu oddi tano
ddim byd ond pib ddu
yn swatio yn ei chelfyddyd.

Gwydr lliw

i Gadeirlan Bangor, am ei sicrwydd mewn cyfnod ansicr

i.

Maen nhw'n dweud fod y byd
wedi sefyll yn stond,
y dyddiau fel rhewlif
yn ymlusgo heibio
a chân y gadeirlan
yn garreg ateb iddi'i hun
wrth nodi pen yr awr
mewn dydd o oriau di-ben-draw,
a'r waliau gwag
yn poeri dyfalbarhad
yn ôl yn wynebau
ffigyrau llonydd gwydr lliw.

Gwawrio Tegwen Bruce-Deans

Ond er bod yr adlef yn wag
fel ffarwelio am y tro olaf,
am un ennyd fach
daw treigl amser yn ôl
yn siôl am 'sgwyddau'r ddinas,
a daw atalnod yr awr
yn gyfaill unig sy'n galw draw
bob hyn a hyn,
yn segura am eiliad wrth aros
am gynnig o baned
gan ffigwr llonydd gwydr glas.

ii.

Maen nhw'n dweud fod y byd
yn deffro o'i drwmgwsg
yn ara' bach,
fel dal glöyn byw,
a hwnnw'n agor
ei adenydd gwydr lliw,
eu lledu,
a hedfan i ffwrdd.
Gyda phob cloch
mae'r rhewlif yn dadmer;
llif cyson yn heidio
tua chartre'r arglwydd
am oriad i ddatgloi
eu cartrefi eu hunain.

Onid rhyfedd
bod gobaith cenedl
wedi gwasgu'n
un deigryn o hylif
dan groen?

iii.

Maen nhw'n dweud fod y byd
ar chwâl – y ni a'r nhw
fel du a gwyn
a'r llwyd yn y canol
fel y math o dawch
sy'n troi tymor ar ei ben
a rhoi erwau rhwng
dau gymydog.

Dwi'n gweld hyn i gyd –
y du, y gwyn a'r llwyd
– ond heno, am un noson,
dwi'n troi 'nôl at y gwydr lliw,
ac ymysg y symffoni amryliw
mae cân y gloch yn tanio
coelcerth o leisiau
sy'n llenwi'r gadeirlan
yn llachar
fel golau haul y bore bach.

Garn

i Mari

Tyrd ar y ffordd hir adra gyda fi
hyd lonydd fy mebyd a'm henaint,
yfwn o dreigl amser fel gwin
a meddwn ar flas atgof byw,
tra gorwedda muriau fy mhlentyndod
yn esgyrn brau ar garreg drws.

Hogan brychni'r haul yn perfformio
unawd ar ben llwyfan cwt glo,
a chymeradwyaeth y blodau menyn
yn llenwi'r gwacter hyd cae top.

Hogan fflamwallt yn rhedeg
i'r pwmp dŵr dros ffor' ar amrantiad,
a rhythm ei breichiau gweigion
yn atseinio ar gof yr hen wynt.

Gwawrio Tegwen Bruce-Deans

Hogan Bryn Alaw yn taflu gro i'r afon
i wylio'r cylchoedd yn lledu o'i chwmpas,
a chlais oed yn atgoffa'n gras
na ellir camu i'r un llif ddwywaith.

Tyrd ar y ffordd hir adra gyda fi
hyd lonydd fy mebyd a'm henaint,
cerddwn yn nhraed ein sanau,
ein gwadnau'n brifo, gan ysu am yr hyn a fu,
a rhyw ddydd, mi neidia i i'r ffrwd newydd
i waltsio o'r diwedd â chymhlethdod yfory.

Dail crin

i Nain a Taid

Mi wnaeth y tymhorau ein gollwng ni
mewn pentwr o ddail crin
yn eu fflamau
y tu allan i'r drws,
sibrwd sgerbydau'r gwanwyn
yn llenwi'r tawelwch rhwng
y "sut wyt ti?" a'r Sky TV,
boddi bwlch oed â diferion beunyddiol.

A dwi methu symud heibio'r
mân sgyrsiau hyn – am eu bod nhw
yna o hyd, am wn i,
yn gyson yn eu defodau,

yr un bynglo brics sgleiniog
sy'n ddiarth i'r henaint y tu mewn,

yr un arogl cawl pwmpen cnau menyn
i'w gadw mewn hen botel laeth,

yr un golau'n taro gwydr lliw
ac arllwys enfys yn byllau ar fwrdd.

Gwawrio Tegwen Bruce-Deans

Mi ddaw, rhyw ddydd,
eira mawr yn bygwth
ar garreg y drws,
ond gobeithio, cyn hynny, y caf o hyd,
rhwng yr holl ieithoedd,
air neu ddau arall
sy'n ddigon i ddadmer oerfel
am 'chydig.

Mam

Sgrech.

Mae'n cosi 'nghroen
fel troed yn tarfu
ar lonyddwch diniwed y gwlith.

Â'm meddwl yn llawn
defodau tŷ bach twt
a saernïaeth byd y Barbies,

mae'r ffôn yn berwi.

Tithau'n briwsioni mewn coflaid
tra bod rhwd dy feddwl
yn cilio i'r awr.

Dy fam, ddiadnabod,
yn bentwr o groen gyferbyn
ag esgyrn hen ddillad ar lawr.

A minnau'n syllu i farwor aelwyd
yn tybied pam na allai panad o ddychymyg
gysuro dy ddagrau.

Gwawrio Tegwen Bruce-Deans

Ymbarél
i Dad

A dyna lle'r oedden ni,
yn rhannu ymbarél mewn storm,
dafnau'n disgyn fel nodau piano
a'n geiriau ni mewn cyngerdd,
yn uno dan gawod o law,

dy lais di yn sacsoffon
o sŵn y ddinas,
a minnau, min fy acen
'di meddalu dan lif yr afon.

Ac mae'n fy nharo i'n sydyn:
nad oes 'na fyth ddigon o le
i ddau dan ymbarél –

felly dyma lle'r ydw i,
yn creu gyda'r un geiriau
sy'n ein datod,
ein gwau ni at ein gilydd
dan yr un iaith,
rhannu ymbarél mewn storm,

cyn crychu'r ddalen hon yn bêl
a'i bwydo hi i'r glaw.

Tŷ Newydd

i griw Cwrs Olwen 2021

Gad inni godi wal rhag rhigol y dydd;
brics mydr a sment odl
yn gadael i ni chwarae mig â'n bydoedd
fel trai'n dianc rhag prysurdeb haf.

Gad inni faricedio treigl amser
â chynganeddion Aberhenfelen,
oedi am ugain munud wedi'r awr
i wylio angylion prifeirdd yn gwibio heibio.

Gad inni loddesta ar eiriau ein gilydd
fel 'tae esgyrn y byd tu hwnt i'r to crwn
wedi magu fwlturiaid llenyddiaeth
yng nghesail y llyfrgell hon.

Gad inni adael rhimyn coch yn stamp
ar fwrdd, gwydrau gweigion yn gwegian
a ninnau'n llacio gafael ar synnwyr
i osod min pensil yn ei le.

A gad inni feithrin tŷ unnos o syniadau
lle bu bonheddwr yn gorwedd gynt,
cyn chwalu'n deilchion furiau main
a'u chwythu'n lludw awen ar y gwynt.

Gwawrio Tegwen Bruce-Deans

Helô, hen ffrind

Ga i rannu cyfrinach efo ti
os wyt ti'n addo ei chadw hi'n saff?

Achos heddiw
sylweddolais,
wrth nofio trwy fôr o sêr
tuag at gochni gwawr newydd,
'mod i wedi anghofio
ffarwelio â'r dydd
a oedd wedi diosg ei blisgyn
y tu ôl i mi.

A thrwy dy lygaid di,
dwi'n gweld o'r newydd
yr hyn o'n i'n daer i'w adael
yn garpiau ar y llawr,
cymryd llond ysgyfaint o'r dydd
a gwylio'r haul yn mwytho eli
i gymalau tyn y bryniau.

Ti.

Diolch am ddangos i mi'r ffordd
i gydio mewn hen dudalennau,
a gludo'r geiriau 'di rhwygo
'nôl at ei gilydd
i sibrwd hanesion newydd.

Haul Ionawr

Dyddiau anadl gwrach
yn chwythu trwy'r oerfel,
dyddiau dwrn y gwynt
yn gadael ôl coch ar fochau,
dyddiau blino'r marwor
a'u llosg yn staenio'r awel,
dyddiau troi cysur yn gyffur
yn nagrau gwaelod panad,
dyddiau tôn deialu
yn boddi'r un hen oriau mud:
dyna blygion y dyddiau oedd arnon ni.

Ond heddiw,
yn ara', fel anghofio,
mae gwên y dydd ychydig caredicach,
gwythiennau dail ychydig amlycach,
trydar aderyn to ychydig cliriach,
treigl y dderwen ychydig miniocach,
ac ochenaid braf y bore bach
yn chwythu llwch oddi ar awen bardd.

Pa beth yw?

Pa beth yw cuddio?
Codi ymbarél mewn storm,
yn ofni teimlo.

Pa beth yw teimlo?
Agor briw i hil y gwynt
a dal ar obaith.

Pa beth yw gobaith?
Croesi bysedd ar ddibyn
hydref hen gariad.

Pa beth yw cariad?
Chwythu un blewyn amrant
tu hwnt i'n cyrraedd.

Gwawrio Tegwen Bruce-Deans

Geiriau coll

Weithiau, mae gair yn segura ar ddibyn tafod
nes dy fod di bron yn gallu ei flasu;

gwres yr haul ym mherfedd gaea',
dracht cyntaf noson flêr,
gwefr curiad rhythm newydd,
cynnwrf rhagarweiniad y wawr,
persawr dalen newydd,
cyffroi marwor hen deimlad,
erlid tafod y llanw,
goglais lladd gwair,
y dibyn rhwng caru a chasáu,
arogl cannwyll yn diffodd,
deigryn cyntaf yr hydref,
blas awel sy'n mwytho grudd storm,
sgrech sialc ar fwrdd du,
oerfel diffyg nabod,
annifyrrwch d'adlewyrchiad,
gwynt sy'n mudo sgrech,
wylo fel 'taech yn chwydu –

ond weithiau, gwell fyddai bragu blas
a meddwi ar ei absenoldeb
na chwilio rhwng ceiniogau mân gwaelod poced
am reswm i gau llygaid y meddwl.

Chwyn

Gwreiddiodd y chwyn yn y craciau –
y conglau tywyll hynny
sy'n ddigon cul i ddengyd rhag yr haul
ac yn ddigon du i droi'r nos yn hen glais,

a magodd y chwyn gyhyrau,
coesynnau tenau yn mynnu glynu
fel cysgod hen gariad
yng nghefndir llun.

Ond wrth dyfu, mae'r chwyn yn blaguro
llawer mwy o flodau na'r disgwyl,
petalau sy'n gadael ôl melys
fel siwgr ar rimyn gwefus

nes bod un yn llyfu'r neithdar hwnnw
yn ddiarwybod,

a phenderfynu oedi ychydig yn hirach
cyn estyn i dywyllwch gwaelod drôr
i chwilio am chwynladdwr.

Unwaith eto

Esgyn a disgyn am yn ail
yw perfformiad yr haid,
waltsio ar lwyfan y machlud
fel atalnod dydd
a chwyrlïo'r hedfan a'u hynt
yn adrodd 'sgrifen glwm
yn y gwynt.

Roeddet tithau'n gig a gwaed
unwaith,
yn gwlwm o wythiennau a gwlân
â llwch oes yn pupuro dy wallt.
Wedi'r datod
dyma fi'n dechrau eto,
o'r cychwyn cyntaf un,
ar femrwn gwag
ag esgyrn geiriau.

Gawn ni gwrdd unwaith eto
yn y man lle mae rheswm
yn dod i ben
a'r dychymyg yn magu hyder,
nes geni dy wyneb drachefn
yng ngeiriau'r drudwy?

Y garthen

Ymysg mân ddigwyddiadau
cloc di-stop ein dyddiau,
mae ennyd yn nythu –
eiliad o dawelwch
dan bwysau blanced
yn gyfle i ddieithrio o'r cyfoes,
ac ogla' hen lwch yn gogleisio ffroenau
â phupur oes o ffynnu a chilio.

A phetai'r cloc di-stop hwnnw
yn baglu drosto'i hun rhyw ddydd,
petai'r adar yn peidio canu
neu gŵn Caer yn anwybyddu'r wawr,
byddai llinyn o garthen
yn dal i wehyddu ymhell heibio'r
felin a'r aelwyd a'r afon,
i blethu ymysg gwreiddiau derwen
yn gaeth i anadl y tir.

Mor dawel yw nyth yr ennyd honno;
mor dawel nes ei bod hi bron
yn troi'n yfory.

Gwawrio Tegwen Bruce-Deans

Deffro

Rhyw ddydd, wnei di sbio 'nôl
ar y nosweithiau bytholwyrdd
yn blaguro, a'r awyr ar ei thywylla',
a'r boreau'n tasgu dail pinwydd
yn atgofion coll am dy draed,
a diolch i ti dy hun am daenu'r profiad
yn dew ar fara dy ieuenctid;
rhyw ddydd, gyda chae gwastad o dy flaen
a phrofiad mynyddwr wrth dy gefn,
wnei di ddiolch i ti dy hun am lyncu'r haul,
blasu'r sêr, a blodeuo heb ymddiheuro,
am fod yna awyr
ac am fod yna fôr
a dim ond yr edefyn teneuaf o orwel
yn rhwystro'r naill rhag gwaedu i'r llall.

Gadael

Does 'na'm byd 'swn i'n licio'n fwy
na phlygu cornel ar dudalen bywyd,
crychu'r meingefn nes bod y llyfr
wastad yn agor yn y fan yma
pan dwi'n ei daflu i'r tân
neu'n ei ollwng ym mhlygion henaint;
dwi isio tanlinellu'r llinellau
nes bod fy mhensil yn torri trwy'r papur
ac yn gadael ei ôl ar y penodau nesaf,
amlygu pob berf nes eu bod yn dechrau
codi o'u trwmgwsg, gafael yn fy llaw
a chwarae mig rhwng y comas a'r bylchau,
yn aros mor dawel nes ein bod ni
bron ag osgoi atalnod llawn yfory.

Does 'na'm angladd pan fo cyfnod yn darfod.
Rhyfedd.

Hefyd yn y gyfres:

Gadael Rhywbeth

Ar Ddisberod

Ni Bia'r Awyr

Storm ar
Wyneb yr Haul

Hel Llus yn y Glaw

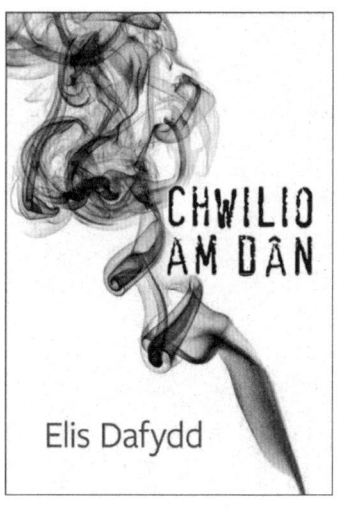

Chwilio am Dân

Eiliad ac Einioes

Rhwng Gwlân a Gwe

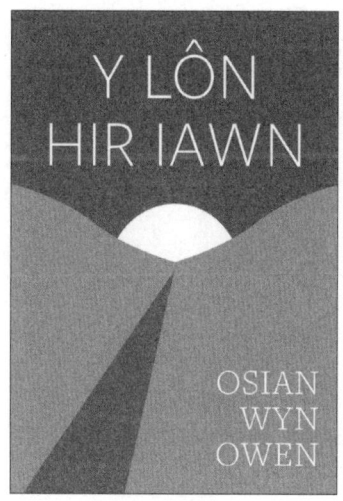

Y Lôn Hir Iawn